Schönfeldspitze
Hochkönig
Steinernes Meer
Funtenseetauern
Funtensee
Obersee
Hagengebirge
Saletalm
Königssee
Gotzenalm
St. Bartholomä
Kühroint
Kessel
Schneibstein
Jenner
Hoher Göll
Jennerbahn
Schönau
Kehlstein
Obersalzbergbahn
Berchte
Rossfeld
Marktschellenberg ▼
Nationalpark-Informationsstellen
Staatsgrenze
Nationalparkgrenze
Wanderwege und Bergsteige

# Nationalpark Berchtesgaden

Hoch, wild

und schön

Süd- und Mittelspitze des Watzmanns vom Hirschwieskopf

Im Watzmannkar

Im Wimbachtal

Der Betrachter mag den Eindruck gewinnen, jene Aussage, die Landschaft um Königssee und Watzmann sei höher als breit, könnte tatsächlich zutreffen. Natürlich ist das übertrieben. Immerhin ragt die Watzmann-Mittelspitze mit 2713 Metern mehr als 2000 Meter über dem Talboden von Berchtesgaden auf, der mit seinen 500 bis 600 Metern über dem Meeresspiegel etwa gleich hoch liegt wie München.

Wild war Berchtesgaden immer noch, als die Nachbargebiete längst vom Menschen kultiviert waren. Ein Chronist aus der Epoche der Gründung des Augustiner-Chorherrnstiftes zu Beginn des 12. Jahrhunderts berichtet von einer furchterregenden Wildnis, bedeckt von undurchdringlichen Wäldern und von Eis und Schnee. Dort hausten wilde Tiere. Sogar von einer Drachenbrut ist die Rede.

Das Urteil „schön" wird erstmals Alexander von Humboldt zugeschrieben. Im Winter 1797/98 war er in Berchtesgaden zu Besuch. Seine bereits geplante Südamerikareise hatte sich verzögert, und so nutzte er die Wartezeit mit Vermessungsarbeiten in Berchtesgaden und zu einer Exkursion am 28. November 1797 zur Eiskapelle am Fuß der Watzmann-Ostwand. Ihm, dem weit gereisten Wissenschaftler wird das Urteil in den Mund gelegt: Die Gegend um Salzburg und Berchtesgaden gehört zu den drei schönsten Landschaften der Erde.

# Die Wildnis kehrt zurück

Spätestens im 12. Jahrhundert wäre eine gute Zeit gewesen, in Berchtesgaden einen Nationalpark auszurufen. Aus jener Periode der uns bekannten Siedlungsgeschichte Berchtesgadens, in die auch die Errichtung des Augustiner-Chorherrnstiftes fällt, ist eine schauerliche Beschreibung über das noch wilde Berchtesgaden überliefert. Schutz der Wildnis oder ein Schutz der Schöpfung in ihrer Ursprünglichkeit war damals allerdings kein Thema. Aufgabe war vielmehr, das Land urbar, nutzbar und bewohnbar zu machen. Bis auf Reste in unzugänglichen Winkeln und in den höchsten Berggebieten wurde dies auch umgesetzt.

Fast neun Jahrhunderte erfüllte man diese Aufgabe mit Fleiß und Erfolg. Die Erfahrungen im Umgang mit Urwäldern und wilden Tieren gingen dabei verloren. Kein Wunder, dass Skepsis und Unbehagen groß waren, als mit dem 1978 errichteten Nationalpark die Wildnis wieder zurückkehren sollte. Vorträge, Diskussio-

Im Wimbachtal

Zunderschwamm und Tüpfelfarn

Morchel

Vogelbeere

*Das Wimbachgries mit seinen Schuttströmen*

nen, Filme und auch wissenschaftliche Abhandlungen mussten zwangsläufig Theorie bleiben. Völlig überzeugen konnten sie nicht. Von seinen letzten Rückzugsgebieten breitete sich der wilde Wald jedoch langsam wieder aus, manchmal sogar schlagartig. Die Orkane Vivian und Wiebke schlugen im Frühjahr 1990 einige Löcher in den Wald, das größte mit etwa zwanzig Hektar am markierten Ofentalweg am Nordwesthang des Hochkalters. Der Weg ist wieder frei und begehbar.
Der Rest der geworfenen und gebrochenen Bäume blieb unberührt. Kleinere Windwurfflächen liegen über den ganzen Nationalpark verstreut. Manche kamen später noch hinzu. Einige wurden durch den Borkenkäfer verbreitert. Nach zehn Jahren kann jeder, der mit offenen Augen durch den Nationalpark wandert, bestaunen, mit welcher Vitalität und mit welcher Vielfalt an Arten ein wilder Wald zurückkehrt und die alten naturfernen Fichtenforste ablöst. Mit ihm kommt auch die Erfahrung wieder, dass der neue Bergwald mitsamt seiner Wildheit nun die Schutzfunktionen so erfüllt, wie man es sich nicht besser vorstellen kann.

Die Rückkehr einst heimischer Wildtiere kündigt sich ebenfalls an. Zwei Luchsbeobachtungen fanden bereits Eingang in Polizeiprotokolle. Man darf gespannt sein, wer und was noch folgt.

Königsseetal mit Steinernem Meer und Watzmann

# Der Yellowstone-Park der deutschen Alpen

# Eine hundertjährige Tradition

Das erste Schutzgebiet, der „Pflanzenschonbezirk Berchtesgadener Alpen" entstand im Jahre 1910. Die Idee dazu gab es allerdings schon früher. Bereits in einem 1898 erschienenen Reisebericht bezeichnet Heinrich Noe Berchtesgaden als den „Yellowstone-Park der deutschen Alpen". Der 1872 in Nordamerika gegründete Yellowstone-Nationalpark war weltweit das erste Schutzgebiet dieser Art. Er übernahm Vorbildfunktion.

Dokumente aus der Vorbereitungsphase des etwa 86 km² großen Pflanzenschonbezirkes belegen, dass die damaligen Schutzinhalte auch heute noch aktuell sind. So gab es den Beschluss, „zumindest Teilbereiche im Urzustand zu erhalten" und „die alpine Urnatur wieder herzustellen". Das ist der Kerngedanke jedes Nationalparkes. Die damals beschriebenen Merkmale „Reichtum und Mannigfaltigkeit der Flora" finden sich in der heutigen Forderung wieder, „einen möglichst artenreichen heimischen Tier- und Pflanzenbestand zu erhalten". Das gegenwärtige Bemühen um ein solides Konzept für eine langfristige, ökologisch

Birkhahn

Silberwurz

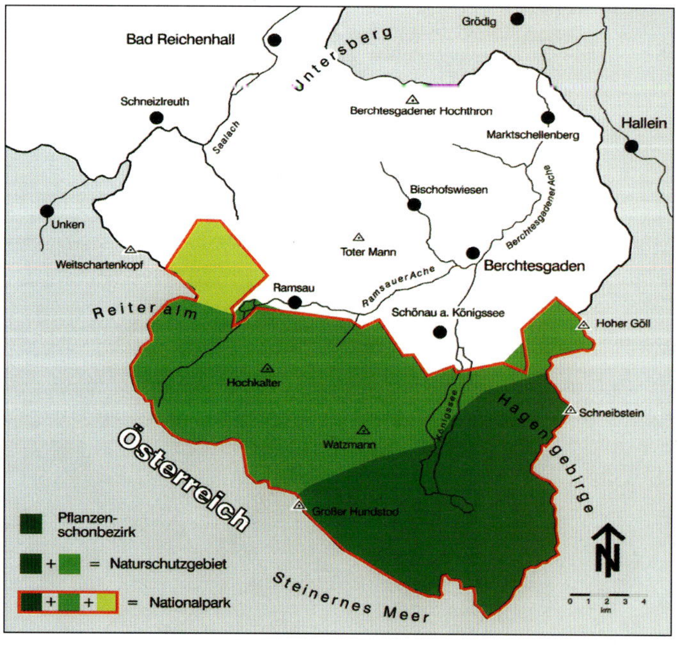

Rundblättriger Sonnentau

Obersee, im Hintergrund die Teufelshörner

Trollblumen auf der Mittereisalm

Blick vom Feuerpalfen auf St. Bartholomä und Watzman

Bindalm mit den Ramsauer Dolomiten

Alpen-Dohlen

Kreuzotter

orientierte Umweltbeobachtung liest sich vor über neunzig Jahren so: „Diese und andere Verhältnisse einer genauen Untersuchung und fortwährenden Beobachtung zu unterziehen, dürfte wissenschaftlich von hohem Interesse sein."

Gleiche Ziele wurden für das 1921 auf 200 km$^2$ erweiterte, nun „Naturschutzgebiet Königssee" genannte Gebiet formuliert: Es „soll erhalten bleiben in seiner Ursprünglichkeit und Kraft, in seiner Unberührtheit." Das wissenschaftliche Interesse wird jetzt so beschrieben: „Diese Aufnah-

Watzmann mit Watzmannhaus

men ... sollen periodisch erneuert werden, um jede Veränderung der sich selbst überlassenen Natur zu erkennen." Und der Satz „Dieses einzigartige Gebiet soll vor dem Menschen geschützt werden für den Menschen, nicht nur den heutigen, sondern auch den künftigen ..." bestätigt Schutz und Offensein für den Menschen zugleich. Zur Abwehr der geplanten Seilbahn auf den Watzmann forderten die Vertreter des Naturschutzes die Errichtung eines Nationalparkes. Ihr Bemühen war schließlich erfolgreich.

Wie sich der 210 $km^2$ große Nationalpark heute darstellt, zeigt diese Bildbroschüre.

Blick vom Hohen Brett nach Süden

Die Wallfahrtskirche St. Bartholomä

Im Landtal

# *Zu Fuß unterwegs – beobachten, entdecken, erleben*

*Die Bartholomä-Wallfahrer am Funtensee*

In der Watzmann-Ostwand

Gotzentalalm mit Watzmann-Massiv

Zirbenmarterl im Steinernen Meer

Frühlings-Enzian

# *Gehen bedeutet mehr als sich fortbewegen*

Nationalparke sind zur „Freude" und zum „Wohle" der Besucher einzurichten. In der englischen Originalfassung stehen hierfür die Worte „enjoyment" und „benefit". Der Satz stammt aus der Gründungszeit der ersten Nationalparke in Nordamerika am Ende des 19. Jahrhunderts. Nationalparke waren also von Anfang an für Besucher offen. Sie sind es heute noch. Vor mehr als hundert Jahren war dieser Wahlspruch wohl ziemlich problemfrei. Inzwischen haben Freizeit und Beweglichkeit der Menschen sehr zugenommen. Entsprechend groß ist der Druck auf die sogenannte „freie Natur". Der Nationalpark steht aber zu seiner historischen Aussage. Wie kommt er damit zurecht? Die Antwort lautet: Zu Fuß unterwegs sein. Ein Angebot an naturverträglichen Erholungseinrichtungen mit einem insgesamt über 240 Kilometer umfassenden Netz an Wanderwegen und Bergsteigen ist Grundlage dafür.

Unterwegs im Steinernen Meer

In Berchtesgaden war es bereits vorhanden, als der Nationalpark 1978 errichtet wurde. Den Nationalparkbesuchern bietet das „Zu-Fuß-Unterwegs-Sein“ ein erholsames und eindrucksvolles Naturerlebnis.

Gehen ist die ursprüngliche und natürlichste Fortbewegungsart des Menschen. In der Schule des griechischen Philosophen Aristoteles (384 bis 322 v. Chr.) war dem Gehen bereits eine tiefere Aufgabe zugedacht. Lehrer und Schüler führten den Namen „Peripatetiker“ – die „Herumwandelnden“. Das Gehen ist offensichtlich geeignet, Gedanken und Diskussion zu unterstützen. Der Philosophenweg der Universitätsstadt Heidelberg ist heute noch Hinweis für diese Funktion. Der erste deutsche Bundespräsident Theodor Heuss hat in seiner Festrede zur Eröffnung der Verkehrsausstellung 1963 in München daran erinnert: „Vergesst ein Element des Verkehrs nicht ganz: die zwei Beine und die zwei Füße.“ Bischof Reinhold Stecher von Innsbruck sprach 1981 bei einem Alpenvereins-Symposium in Hall in Tirol vom Berg, der zu Fuß erlebt eine Erfahrung aus erster Hand sei, er sah darin „die unmittelbare Berührung mit einer eben nicht manipulierten Welt“.

*Auf der Watzmann-Mittelspitze*

*Im Jenner-Gebiet*

Seeleinsee

Behaarte Alpenrose

Watzmann-Haus

Hintersee im Nationalpark-Vorfeld

# *Von der Natur lernen*

Die großartige Natur des Nationalparkes ist für den, der daraus lesen kann, wie ein aufgeschlagenes Buch. Vieles ist jedoch nicht auf den ersten Blick sichtbar oder zu verstehen. Die Nationalparkverwaltung hat daher für alle, die mehr über Natur und Besonderheiten des Berchtesgadener Gebietes wissen möchten, ein vielseitiges Programm zusammengestellt und dabei die unterschiedlichsten Alters- und Interessensgruppen berücksichtigt.

An den Eingängen zum Nationalpark und sonstigen Besucherschwerpunkten geben Informationsstellen anhand anschaulicher Ausstellungen Einblick in die Natur der dahinter liegenden Talräume. Zentrale Anlaufstelle für alle Besucher ist das Nationalpark-Haus in Berchtesgaden. Wer das Erleben in der Gemeinschaft sucht, kann sich den zahlreichen Wanderungen unter fachkundiger Leitung anschließen.
Sie verbinden Wissenswertes mit Bewegung in den attraktivsten Gebieten des Nationalparkes. So erfährt man z.B. Interessantes über die Tier- und Pflanzenwelt des Nationalparkes oder die Herkunft unserer Berge. Das aktuelle Wanderprogramm ist kostenlos in den Nationalpark-Informationshäusern und bei den Fremdenverkehrsverbänden erhältlich. Für Schulklassen, Kindergärten, Vereine und andere Gruppen werden nach Voranmeldung eigene Veranstaltungen angeboten, die auf die Wünsche der Teilnehmer abgestimmt sind.

*Auf der Kührointalm*

# Gäste persönlich betreut

Grüß Gott, liebe Nationalparkbesucher! Wir, die Mitarbeiter des Nationalparkdienstes oder „Ranger", wie wir international genannt werden, begrüßen Sie herzlich im Nationalpark Berchtesgaden. Unsere Hauptaufgabe ist es, Ihr Ansprechpartner in der herrlichen Bergwelt des Nationalparkes zu sein. Darüber hinaus werden wir eingesetzt:

- in den Informationsstellen der Nationalparkverwaltung,
- als Leiter von geführten Wanderungen,
- als Roßknechte, im Sommer bei den Kinderwanderungen mit Pferden und im Winter bei den Pferdeschlittenfahrten zur Wildfütterung ins Klausbachtal und dort als Ansprechpartner für Sie,
- bei Forschungsprojekten,
- als Wächter über die Schutzregelungen im Nationalpark. In diesem Zusammenhang besitzen wir die Rechte und Pflichten von Polizeibeamten.

Einige von uns werden Sie bei der Ausübung ihres Ehrenamtes hoffentlich nie brauchen, sie gehören der Bergrettung an. In ihrem Beruf als Ranger freuen sie sich auf Ihre Fragen und über Ihr Interesse.

In der Kernzone des Nationalparkes soll die Natur so weit wie möglich sich selbst überlassen werden. Nicht eingreifen, sondern beobachten, ist eine große Aufgabe, eine faszinierende Vorstellung. Natur einfach Natur sein lassen, Wildnis erlauben. Gleichgültig, ob Sie Fragen dazu oder zu anderen Aufgaben und Zielen des Nationalparkes haben, oder z.B. „nur" wissen wollen, ob Sie im Verlauf Ihrer Wanderung an einer Alm vorbeikommen, wo Sie Almkäse und Speck genießen können – wir werden uns bemühen, Ihre Fragen kompetent zu beantworten. Sicher ist es auch Ihr Anliegen, liebe Besucher, dass sich außer Ihnen auch künftige Generationen an der einmaligen Schönheit des Nationalparkes erfreuen können. Haben Sie deshalb bitte Verständnis dafür, dass wir Sie bei Verstößen auf die Schutzbestimmungen aufmerksam machen müssen.

Auf Wiedersehen im Nationalpark Berchtesgaden – wir freuen uns auf Sie!

Am Jenner-Gipfel

Fast alle Waldtypen
Bayerns in Berchtesgaden

Blick über den Königssee nach St. Bartholomä

Zwischen dem Talboden Berchtesgadens und dem Watzmanngipfel sind in gut zweitausend Höhenmetern Lebensräume konzentriert übereinander gestapelt, die sich, auf die Ebene übertragen, auf über zweitausend Kilometer erstrecken – von den Alpen bis über den Nordpol hinaus. Ein Frühjahrsbild mit im Tal bereits ergrünten Wiesen und Laubwäldern, deren Bäume frisch ausgetrieben haben, vor dem noch schneebedeckten Watzmann vermittelt dies sehr eindrucksvoll.
So erstaunt es nicht, dass in Berchtesgaden nahezu alle Waldtypen Bayerns, ja Deutschlands zu finden sind. Allerdings muss man dazu auch das Nationalparkvorfeld einbeziehen.

Schon der Name „Sonnenpromenade" für einen Spazierweg an der südexponierten Hangkante jener Terrasse, auf der das Zentrum des Marktes Berchtesgaden liegt, deutet einen wärmebegünstigten Standort an. Eichen-Hainbuchen-Linden-Wälder, wie sie im Weinbauklima Unterfrankens vorkommen, gedeihen hier am Steilhang hinunter zur Bischofswieser und Berchtesgadener Ache. Ein Blick von der Promenade zum Watzmann oder Hohen Göll lässt die im Frühjahr lichtgrünen, im Herbst goldgelben Lärchen an der

*Im Buchenwald*

*Lärchen-Fichten-Wälder im Hagengebirge*

Bergmischwald

Grauerlen-Bruchwald

Blick auf den Königssee und St. Bartholomä

Türkenbundlilie

Waldgrenze erkennen. Dazwischen liegen meist noch talnah bis hinein in den Nationalpark die Buchenwälder und über diesen die Bergmischwälder aus Fichte, Tanne, Buche und Bergahorn.

Das war nicht immer so. Nach dem Rückzug der Gletscher der jüngsten Eiszeit vor etwa 15 000 bis 10 000 Jahren beherrschten Kiefern die Wälder Berchtesgadens. Heute haben sie sich auf die trockenen Standorte der flachgründigen und wasserdurchlässigen Dolomitgesteine zurückgezogen. Das krause Haupthaar der „Schlafenden Hexe" ist ein Rest dieser in der Späteiszeit dominierenden Kiefernwälder.

Der Mensch griff seit Errichtung des zweiten Salzbergwerkes mit Saline in Berchtesgaden zu Beginn des 16. Jahrhunderts massiv in die Wälder ein. Vermehrt wurde nun die Fichte angebaut. Heute sind naturnahe Mischwälder wieder das Ziel. Im Nationalpark geht die Holznutzung zurück und gibt den Weg für die Rückkehr von Naturwäldern frei. In ferner Zukunft könnten daraus Urwälder entstehen. Manche Waldpartien wirken schon jetzt „urig".

Zirben im Steinernen Meer

# Auch der Wald hat seine Grenzen

An manchen Stellen unserer Erde stößt Leben an seine Grenzen. Wüsten, die Tiefsee oder Hochgebirge zählen dazu, sie bieten extreme bis lebensfeindliche Verhältnisse. Temperatur und Wasser, Licht, Böden und Nährstoffangebot sind ausschlaggebend für pflanzliches Gedeihen und begrenzen es zugleich. Im Gebirge kommen Wind, Steilheit des Geländes und Lawinen als hemmende Einflüsse hinzu.

Mit zunehmender Höhe über dem Meeresspiegel verschlechtern sich die Lebensbedingungen erheblich. Der Hochgebirgssommer ist kurz, und während des restlichen Jahres gilt es vor allem, Wassermangel, Kälte und Frost zu ertragen. Wo dies für die Mehrzahl der Bäume nicht möglich ist, hat der Wald seine Grenze erreicht. Dort zu überleben, gelingt im Nationalpark nur den genügsamen Nadelbäumen Fichte, Lärche und Zirbe. Einzelne Bäume wagen sich gelegentlich noch über die Grenze des geschlossenen Waldes hinaus. Mit ihren bizarren Formen erinnern sie nicht selten an Waldgeister und

Latschen

Landschaft im Steinernen Meer

Lärchen an der Waldgrenze

Blick auf den Hohen Göll vom Roßfeld

Lawinenbahn mit geworfenem Wald im Klausbachtal

Fabelwesen. Knorrig und zerzaust erheben sich manchmal jahrhundertealte, eindrucksvolle Gestalten über die niedrigeren Latschen, die den Wald ablösen.

Waldgrenzen sind nicht nur hoch oben am Berg – in Berchtesgaden meist zwischen 1800 und 2000 Metern Höhe – zu finden, bisweilen liegen sie sogar in den sonst bewaldeten Hängen oder nahe den Tälern. Häufig wiederkehrende Lawinen oder bewegte Schuttströme verhindern ein Aufkommen des Waldes, was im Wimbachtal gut zu sehen ist. Und in Bereichen, in denen der mittelalterliche Siedler oder Almbauer den Wald an seiner ursprünglichen Grenze gerodet hat, um Weideflächen zu gewinnen, wurde die Waldgrenze um bis zu 300 Meter nach unten gedrückt.

Für den Wanderer oder Bergsteiger ist es stets ein besonderes Erlebnis, wenn der Wald sich lichtet und den Blick nach draußen in die Weite freigibt.

Schneerose

Echtes Alpenglöckchen

# *Von Schneekadern, Oimrausch und Duschn*

„Die Pflanzenwelt ist in den Berchtesgadener Alpen unendlich mannigfaltig entwickelt und übertrifft an Reichtum und Farbenpracht wohl jedes andere Gebiet der nördlichen Alpen, sowohl was Baumbestand als auch Blumenreichtum anbetrifft", heißt es zu Recht in einem alten Reiseführer. Große Höhenunterschiede und tief liegende Täler sind dafür verantwortlich, dass neben Hochgebirgsarten auch viele Pflanzen des Tieflandes vorkommen.

Klima, Licht und Schatten, aber auch Nährstoff-, Wasser- und Säuregehalt des Bodens sowie die Konkurrenz der Pflanzen untereinander entscheiden darüber, welche Arten an einem bestimmten Standort wachsen.

Insgesamt sind rund 1000 Blütenpflanzen für den Nationalpark Berchtesgaden nachgewiesen. Einige der besonders auffälligen seien hier beispielhaft vorgestellt:

Ein ausgesprochener Frühblüher ist die *Schnee-* oder *Christrose*, in Berchtesgaden *Schneekader* genannt. In den Buchenmischwäldern der Tieflagen können wir ihre attraktiven weißen Blüten oft bereits im Dezember entdecken. Wird sie eingeschneit, blüht sie unter der Schneedecke weiter. Das *Echte Alpenglöckchen* finden wir häufig in Mulden, in denen der Schnee besonders lange liegen bleibt. Noch während der Schneeschmelze schiebt es seine Blütenköpfe zum Licht empor.

Der *Frauenschuh* ist unsere größte heimische Orchidee. Die schuhartig aufgeblasene Blütenlippe wirkt als Insektenfalle. Bienen, die auf der Suche nach Nektar hineinfallen, können sie nur auf einem bestimmten Weg wieder verlassen. Dabei wird ihnen Blütenstaub aufgedrückt, den sie an der Narbe der nächsten Blüte abstreifen. So ist die Fremdbestäubung gesichert. Ebenfalls zu den Orchideen gehört das *Rote Waldvögelein,* das als wärmeliebende Art lichte Wälder in sonniger Lage bevorzugt.

Bewimperte Blätter und rote Blütenfarbe verhalfen der *Behaarten Alpenrose* zu ihrem Namen. Sie kommt im Latschengebüsch und auf offenen Almflächen vor und wird deshalb auch als *Almrausch,* mundartlich *Oimrausch,* bezeichnet. Es handelt sich aber nicht um eine Rose, sondern um ein Rhododendrongewächs. Sie ist zwar eine typische Alpenpflanze, gegenüber starken Frösten jedoch empfindlich und im Winter auf eine schützende Schneedecke angewiesen.

Zu den auffälligsten Pflanzen der Hochlagen zählt die *Alpen-Kratzdistel,* deren Blätter mit Dornen übersät sind. Wie der *Blaue Eisenhut* ist sie ein typischer Vertreter der Hochstaudenfluren, die auf nährstoffreiche und gut mit Wasser versorgte Standorte hinweisen. Der *Stengellose Enzian* oder *Duschn* fühlt sich dagegen in Magerrasen wohl. Ist der Boden zu nährstoffhaltig, wird dieser Enzian von hochwüchsigen Pflanzen verdrängt.

Alpen-Kratzdistel

Blauer Eisenhut

Rotes Waldvögelein

Frauenschuh

Stengelloser Enzian, im Hintergrund Mehl-Primel

Alpenrosengebüsch

Blauer Eisenhut

Pannonischer Enzian

Gemeines Sonnenröschen

Zwerg-Alpenrose

Zwerg-Glockenblume

# *Nur Spezialisten überleben im Hochgebirge*

Eisige Kälte, an der Substanz zehrende Winde, aber auch gelegentliche Hitze und Trockenheit kennzeichnen die Situation oberhalb der Waldgrenze. Starke Temperaturschwankungen innerhalb kurzer Zeit sind an der Tagesordnung, nächtliche Fröste selbst im Hochsommer keine Seltenheit. Brennt die Sonne vom Himmel, können sich Böden und Felsoberflächen auf über 60 Grad Celsius aufheizen. Alpine Pflanzen müssen mit diesen recht lebensfeindlichen Bedingungen zurecht kommen. Sie haben sich dazu allerlei Tricks einfallen lassen.

Jedem Wanderer fällt auf, dass die Pflanzen des Hochgebirges besonders niedrig und gedrungen sind. Der kurze Bergsommer von höchstens zwei bis drei Monaten erlaubt nur geringe Zuwächse.

Häufig treffen wir auf Polster- oder Rosettenformen. Der kompakte Wuchs schirmt bestmöglich gegen Wind, sengende Sonne und Kälte ab. Die fleischigen Blätter der Felsspaltenbesiedler *Alpen-Aurikel* und *Trauben-Steinbrech* helfen zusätzlich, Wasser zu speichern und so Trockenperioden zu

*Kriechendes Gipskraut*

überstehen. Ein zentrales Wurzelsystem, das die geringen Humusmengen in Gesteinsritzen erschließt, versorgt die Pflanze mit Wasser und Nährstoffen und verankert sie gleichzeitig fest im Untergrund.

Das *Edelweiß* beugt auf andere Weise einer Überhitzung vor. Seine helle Farbe reflektiert einen guten Teil des Sonnenlichtes und die charakteristische filzige Behaarung trägt dazu bei, ein Vertrocknen zu verhindern. Auch einen eingebauten UV-Schutz besitzen Hochgebirgspflanzen. Spezielle Farbstoffe, in die dicke Außenschicht eingelagert, halten die schädliche Strahlung fern.

Um die Fortpflanzung zu sichern, müssen sich Blüten und Samen sehr schnell entwickeln. Bei sehr kurzer Vegetationszeit kann sich die Blüten- und Fruchtbildung auch über zwei Jahre hinziehen. Um solchen Unwägbarkeiten zu entgehen, wird mitunter auf die Ausbildung von Samen verzichtet. Vor allem Gräser treiben oft Ausläufer und können so größere Flächen besiedeln.

Wahre Künstler, Kälte, Hitze und Trockenheit zu ertragen, sind Flechten. Als Doppelwesen aus Pilz und Alge, die eine Lebensgemeinschaft zum gegenseitigen Nutzen eingegangen sind, überziehen sie oft ganze Felsen. Auf Holz oder am Boden finden wir sie ebenfalls. Wasser und Nährstoffe entnehmen sie der Luft. Fehlt die Feuchtigkeit, schränken sie ihre Lebensfunktionen ein und überstehen selbst Trockenperioden von mehreren Monaten mühelos.

Trauben-Steinbrech

Edelweiß

Alpen-Aurikel

Flechte Xanthoria elegans

Geologie – hundert Jahre
sind nur ein Augenblick

Im hinteren Wimbachtal

*Im Steinernen Meer, im Hintergrund der Hundstod*

Hochkalter mit Blaueisgletscher

Geologische Zeiträume lassen sich mit menschlichen Zeitvorstellungen nur schwer ermessen. 4,6 Milliarden Jahre ist die Erde alt, die ältesten Gesteine im Berchtesgadener Land dagegen nur 230 Millionen Jahre. Die Eiszeiten gingen erdgeschichtlich gesehen gerade erst zu Ende. 10 000 Jahre ist das her. In solchen Zeitspannen sind hundert Jahre nur ein Augenblick.

Während der Eiszeiten flossen Gletscherströme durch die Täler des Berchtesgadener Landes und den heutigen Nationalpark. Im Königsseetal war das Gletschereis rund 1000 Meter mächtig.
Durch den enormen Druck hobelten die Eismassen die Täler aus und gaben ihnen ihr heutiges Aussehen mit den steilen Talflanken. Gletscher zerteilten Bergketten und präparierten einzelne Berge heraus.
Sie formten auch die vielen Kare und den Talkessel von Berchtesgaden, überhaupt das gesamte

Karsttisch

Versteinerungen

In der Salzgrabenhöhle

Erscheinungsbild unserer heutigen Bergwelt.

Nur noch kleine Reste der ehemaligen Gletscher finden sich jetzt im Nationalpark – am Watzmann und am Hochkalter. Das Blaueis am Hochkalter ist der nördlichste Gletscher der gesamten Alpen. Durch hohe Berge und seine nordseitige Lage ist er vor langer Sonneneinstrahlung geschützt. Dennoch wird

das Blaueis mit der allgemeinen Klimaerwärmung bald der Vergangenheit angehören. Seine Oberfläche ging in den letzten 100 Jahren bereits um die Hälfte zurück.

Die Gletscher hinterließen auch Ablagerungen. Die tieferen Bereiche des Nationalparks sind mit Gesteinen der Grundmoräne überzogen. Mehrere Moränenwälle stauen das Priesbergmoos auf und lassen dort ein Hochmoor entstehen.

Am Aufbau der Berge im Nationalpark sind überwiegend Kalk- und Dolomitgesteine beteiligt. Beide Gesteinsarten sind eng miteinander verwandt – in Dolomitgesteinen ist ein Teil des Kalziums durch Magnesium ersetzt. Dolomitgesteine werden dadurch hart und spröde,

Steinernes Meer und Hagengebirge, im Hintergrund Tennengebirge und Dachstein

brechen leichter und zerfallen letztlich zu Grus (wie im Wimbachtal). Kalkgesteine sind im Vergleich dazu weich und verwittern vor allem durch die Kalklösung. Daraus ergeben sich bizarre Karstformen und im Inneren der Berge ausgedehnte Höhlen. Gemeinsam ist den Kalk- und Dolomitgesteinen auch ihre Entstehung: Sie bildeten sich als Ablagerungen in einem warmen, flachen Meer aus den Resten von unzähligen Organismen, u.a. von Muscheln, Korallen oder Schwämmen.

Im Nationalpark lagern dem tieferen Teil der Berge, in der Regel Dolomitgesteinen, Kalkgesteine auf. Beide können eine Mächtigkeit von 1000 Metern erreichen und beide stammen aus der Triaszeit, die vor etwa 190 Millionen Jahren ausklang.

*Der Kahlersberg im Hagengebirge*

*Blaue Lache*

Nach einem Bergsturz am Kleinen Mühlsturzhorn

# Im Reich des Steinadlers

Steinböcke

Der *Steinadler* brütet in Felswänden im Waldbereich. Halboffene und offene Flächen wie Almen oder alpine Matten mit günstiger Thermik bevorzugt der in Einehe lebende Segler zur Jagd. Nur ein reichhaltiges und abwechslungsreiches Nahrungsangebot garantiert sein Überleben, vor allem im strengen Winter des Hochgebirges. Hauptbeutetier ist hier die *Gams*, deren Kletterkünste und kühnen Sprünge im Fels wir neidisch bewundern. Sie behält ihre „Krickln" (Hörner) lebenslang, im Gegensatz zum Rothirsch, der sein Geweih jährlich abwirft und immer wieder neu bildet. Wie die Gams versuchen *Schneehase* und *Schneehuhn*, beide im Sommer braun, im Winter weiß gefärbt, den harten winterlichen Bedingungen durch Wanderbewegungen auszuweichen. Schneelage und aktuelle Schneeverteilung dienen ihnen dabei als Wegweiser.

In weiten Gebieten des Nationalparkes sind im Winter allerdings kaum Tiere zu entdecken. Dies gilt beispielsweise für das Steinerne Meer, in dem eine hohe Schneedecke und zuwenig vom Wind freigeblasene Stellen die Nahrungssuche außerordentlich erschweren.

Gams

Schneehase

Alpen-Salamander

Steinadler

Alpen-Apollofalter

Murmeltiere

Auch der früher extrem verfolgte und im Alpenraum fast ausgerottete *Alpen-Steinbock* mit seinem mächtigen Gehörn steht wieder hoch oben in der Felsregion. Unvermittelt hallen die Wände von den schrillen Pfiffen des wachsamen *Murmeltieres* wider, schnell verschwinden seine verspielten Jungen dann im unterirdischen Bau. Bei feuchtem Wetter zeigt sich der an die Bedingungen des alpinen Lebensraumes erstaunlich angepasste schwarze *Alpen-Salamander*. Im Gegensatz zu anderen Lurchen bringt er bereits voll entwickelte, vom Wasser unabhängige und lungenatmende Jungtiere zur Welt. Und an sonnigen Sommertagen gaukelt der vielerorts in seinem Bestand bedrohte *Alpen-Apollofalter* langsam über Matten und Steine.

Schneehuhn

Holzwespe

Tannenhäher

Grauspecht

Gams

Rothirsch

Tagpfauenauge

Dreizehenspecht

Eichhörnchen

Bockkäfer

Auerhahn

# *Wo der Auerhahn balzt*

„Vielfalt" ist das Schlüsselwort für eine formenreiche Landschaft, die sich von den Tälern bis zur Hochgebirgsregion erstreckt. Entsprechend unterschiedlich sind die Lebensräume, die einer außergewöhnlich artenreichen Tierwelt Heimat bieten. Auf den Alpenraum beschränkte Spezialisten beherbergt der Nationalpark ebenso wie Tiere, die auch im Tiefland vorkommen. Beispielhaft seien einige hier vorgestellt.

Dass *Steinmarder* und *Hermelin* bis in die Siedlungsbereiche vordringen, ist an der Tagesordnung. Das anspruchsvollere und vielerorts schon ausgestorbene *Auerhuhn* zählt hingegen zu den Raritäten. Dieser größte mitteleuropäische Hühnervogel fühlt sich nur in großen, ruhigen Waldgebieten wohl. Dort findet er noch Ruhe für die Balz. Beerensträucher im Unterwuchs und Ameisenhaufen liefern ihm und seinen Jungen Nahrung.

Auf naturnahe, vor allem an Fichten und totem Holz (mit Insekten und Insektenlarven) reiche Wälder ist der *Dreizehenspecht* angewiesen.

Bergwälder sind vielerorts lichter als Wälder der Ebene. Wo Licht bis zum Waldboden durchdringt, kann sich eine üppige Bodenvegetation entwickeln – Aufenthaltsort zahlreicher Insekten, zugleich aber Lebensgrundlage für große Pflanzenfresser wie den *Rothirsch*. Zumindest im Sommer bietet der Bergwald ihm noch einen guten Lebensraum. An den früheren weiträumigen winterlichen Wanderungen bis in das Alpenvorland hinaus ist das Rotwild durch menschliche Siedlungen, Verkehrswege und sonstige menschliche Nutzungen gehindert. Als Ersatz für die verloren gegangenen Winterlebensräume wurde vor über 150 Jahren die Winterfütterung eingeführt. Zu sehen ist sie beispielsweise im Klausbachtal.

*Ostteil des Nationalparkes Berchtesgaden mit Königssee*

# Von Bauernregeln zur Nationalparkforschung

Bauernregeln, ernstzunehmende und weniger seriöse, gibt es viele. Alle gehen darauf zurück, dass aus sichtbaren oder hörbaren Zeichen auf aktuelle Zustände oder zu erwartende Ereignisse geschlossen wird. Ein Beispiel seriöser Art sei herausgegriffen: Ein schmales Wolkenband, das sich auf halber Bergeshöhe hinzieht – in Berchtesgaden als „Mitternebel" bezeichnet –, ist untrüglicher Vorbote für baldigen Regen. So lehrten es lange Beobachtung und Erfahrung. Als man begann, die Zusammenhänge wissenschaftlich zu erforschen, erhielt man eine Erklärung und Bestätigung dafür. Doch es blieb dabei – schon allein das Anzeichen erlaubt eine zuverlässige Prognose.

Für andere Bereiche gilt dies ebenso: Tannen gehören für Hirsche, Gämsen und Rehe zu den Delikatessen. Ist der Wildbestand zu hoch, wird die genannte Pflanze durch Verbiss stark zurückgedrängt. In manchen Gebieten kann sie sogar völlig verschwinden. Ist die Tanne jedoch reichlich vorhanden, zeigt dies an, dass die Dichte an Reh-, Rot- und Gamswild gering bzw. mit dem natürlichen Nahrungsangebot verträglich ist. Ein weiteres Beispiel sind Flechten. Viele von ihnen reagieren empfindlich auf Luftschadstoffe und lassen daher auf die Luftqualität schließen. Auch der Alpenbock, ein ungewöhnlich gefärbter Käfer, teilt uns etwas mit: Sein Lebensraum sind naturnahe Wälder, denn dort findet er ausreichend totes Holz, das er für seine Brut braucht. Seine Anwesenheit spricht daher für die Naturnähe eines Waldes.

Vielfältig und für uns nie vollständig ergründbar sind die Wechselbeziehungen zwischen den belebten und unbelebten Bestandteilen der Natur. Möglichst viele dieser Zusammenhänge zu entdecken und zu deuten, ist Ziel wissenschaftlicher Forschung. In Berchtesgaden setzte sie nachweislich vor mehr als zweihundert Jahren ein. Namen wie Franz von Paula

*Natürliche Tannenverjüngung*

*Alpenbockkäfer*

*Gewässeruntersuchung*

„Mitternebel" im Berchtesgadener Becken, im Hintergrund der Jenner

Becherflechte

Schrank, Pascal Joseph Ferrero oder Alexander von Humboldt sind damit verbunden. Seit 1978 arbeitet die Nationalparkverwaltung nun daran, die bewundernswert genauen früheren Beobachtungen – bis heute erschienen in den verschiedensten Fachdisziplinen mehr als 1200 Veröffentlichungen über Berchtesgaden – mit modernen Methoden zu einem Gesamtbild zusammenzufügen. Luftbildvergleiche, statistische Methoden und die Aufbereitung aller Informationen am Computer, leisten hierzu wichtige Beiträge.

Die Forschungsergebnisse helfen, natürliche Vorgänge besser zu verstehen, künftige Entwicklungen abzuschätzen und so auch die Tier- und Pflanzenwelt im Nationalpark und darüber hinaus besser zu schützen.

# Ein „reizendes“ Klima

Der Watzmann das Berchtesgadener Wahrzeichen

Kärlingerhaus am Funtensee

Königssee

An der alpinen Waldgrenze

# *Reine Luft und glitzernde Winterpracht*

Der Nationalpark Berchtesgaden ist der einzige Hochgebirgsnationalpark in Deutschland. Seine bereits erwähnte Vielfalt und seinen Formenreichtum verdankt er vor allem auch den Einflüssen von Klima und Wetter. Wie Windgeschwindigkeit, Sonneneinstrahlung und Reinheit der Luft nehmen auch Regen und Schnee mit der Höhe zu. Andererseits verringern sich Luftdruck, Luftfeuchte, Luftdichte und der Sauerstoffgehalt der Luft. Nicht umsonst spricht man davon, dass die Luft nach oben hin „dünner" wird. Jeder Wanderer in höheren Lagen wird dies im wahrsten Sinne des Wortes schon am eigenen Leib verspürt haben. Gegen diese Sauerstoffarmut hilft sich der Körper durch schnelleres Atmen und eine vermehrte Herzleistung.

Die Temperatur sinkt mit zunehmender Höhe ebenfalls. Da sie um etwa ein halbes Grad Celsius pro hundert Höhenmeter abnimmt, bedeutet ein Herbstregen im Tal oft schon Schnee in den höheren Regionen. Füllt im Winter ein Kaltluftsee das Tal, während Warmluft die Hochlagen umgibt, findet eine Temperaturumkehr oder Inversion statt. Eine Besonderheit bildet auch der Föhn, ein warmer Fallwind aus dem Süden, der häufig für längere Schönwetterperioden und eine prachtvolle Fernsicht sorgt.

Die winterlichen Schneemengen sind hoch droben am Berg ungleich größer als in den Niederungen. Schneelagen von mehreren Metern Mächtigkeit sind keine Seltenheit. Spät hält dort das Frühjahr Einzug, zur Freude der Skifahrer und Skitourengeher.

Schnee sorgt aber nicht nur für Wintersportvergnügen, sondern besitzt auch im Naturhaushalt des Gebirges

Lawinenkegel im Wimbachtal

eine wichtige Funktionen: Als isolierende Schicht überzieht er die Pflanzendecke, um sie vor Schäden, zu hohem Feuchtigkeitsverlust oder Absterben durch Frost zu schützen. Zugleich ist er als Wasserspeicher Garant für eine ausreichende Wasserversorgung.

Mit ihren im Sonnenlicht verschwenderisch glitzernden, vielgestaltigen Kristallen mildert die Schneedecke schroffe Landschaftsformen und zeichnet sanfte weich nach – Erholung für Auge und Gemüt.

Aber sie birgt auch ein bedrohliches Moment. Sie schränkt Lebensraum und Nahrungsangebot unserer Wildtiere ein. Pflanzen können sich oft nicht mehr vom hohen Druck der Schneelast erholen. Und in Form der Lawine reißt sie mit und zerstört, was sich ihr in den Weg stellt. – Schnee, der Nutzbringer und Schöpfer zauberhafter Winterlandschaften, ist gleichzeitig nicht selten unberechenbare Gewalt.

Das Gebirgsklima ist für den Menschen ein „Reizklima" mit ständig wechselnden Anforderungen an den Körper und gesundheitsfördernder Wirkung. Höhenluftkurorte wie Berchtesgaden nutzen dies erfolgreich zur Linderung und Heilung von Erkrankungen, z.B. bei Asthma, Lungenkrankheiten und Stoffwechselleiden.

Im Hagengebirge

Winter im Bergwald

Auf Skitour

Königsbachalm

# Rinder und Schafe auf Sommerfrische

Falzalm mit Kleinem Watzmann

Alljährlich im Juni ist es wieder soweit: Die Berchtesgadener Bauern treiben Rinder und Schafe hinauf auf die Almen. Dies fördert die Gesundheit der Tiere und entlastet die knappen landwirtschaftlichen Flächen im Tal.
Ehemals reichten die Almen bis auf 2000 Meter Höhe hinauf. Je nach Vegetationsentwicklung wurden bis zu drei Almstufen aufgesucht. Selbst Teile des so kargen Steinernen Meeres wurden aus der Not heraus beweidet. Von früher über 90 Almen werden heute in der Pflegezone des Nationalparkes noch 35 bestoßen. Aufgegeben wurden vor allem schwer zugängliche und hoch gelegene Almflächen. Verschwunden ist damit auch der dreistufige Almbetrieb. Meist wechselt das Vieh zwischen zwei Höhenstufen. Lichte Wälder und verfallene Almhütten in der nutzungsfreien Kernzone des Nationalparkes künden noch von der früheren Ausdehnung der Almwirtschaft.

Grund und Boden der Almen befinden sich in staatlichem Eigentum. Der Almbauer besitzt ein Weiderecht, das die Almfläche, die Tierart und -zahl sowie die Weidezeit festlegt. Oft besteht auch ein Schwandrecht, das dem Bauern erlaubt, die auf den offenen Weideflächen aufkommenden Sträucher und jungen Bäume zu entfernen.

Traditionell gehört zu jeder Alm ein mehr oder weniger großer Waldweideanteil. Da das Vieh durch Verbiss die Verjüngung von Bäumen und Sträuchern behindert und Trittschäden verursacht, ist die Nationalparkverwaltung bestrebt, die Wald-

Zwerg-Primel

Waldweide

Schafe auf der Eckaualm

weiderechte auf freiwilliger Basis zu bereinigen.
Die Almhütten oder „Almkaser" sind meist vollständig aus Holz errichtet. Selbst Nägel und Türschlösser wurden einst aus Holz gefertigt. Eisen mußte importiert werden und war deshalb teuer. Neben der Unterbringung des Almpersonals und des Viehs dienten die Kaser traditionellerweise auch der Milchverarbeitung. Heute werden dort allerdings nur noch vereinzelt Käse und Butter hergestellt. Meist weidet ausschließlich Jungvieh auf den Almen.

Gotzenalm mit Blick in die Watzmann-Ostwand

Almen bereichern nicht nur das Landschaftsbild. Bei pfleglicher Bewirtschaftung bieten sie vielen seltenen Pflanzen und Tieren Lebensraum. Enziane und Orchideen kommen hier genauso vor wie Birkhuhn und Murmeltier. Manche Hänge verwandeln sich in ein wahres Blütenmeer.

Ein besonderes Ereignis bis in unsere Zeit ist der Almabtrieb. Wenn der Almsommer gut verlief, ziehen die Rinder prächtig geschmückt zu Tal. Ihr Kopfputz, die „Fuikl", besteht aus einer Nadelbaumkrone, die mit bunten Bändern und Rosetten verziert ist.

Almabtrieb

Bindalm

Käsekessel

*Blick über den Königssee*

Von stillen
und wilden Wassern

Funtensee

Mittersee

Seeleinsee

St. Bartholomä am Königssee

Schwarzensee

# Der einzige fjordartige See Mitteleuropas

Die Eiszeiten schenkten dem Berchtesgadener Raum zahlreiche, in eindrucksvolle Hochgebirgslandschaften eingebettete Seen. Die größte Anziehungskraft auf Besucher aus nah und fern übt der acht Kilometer lange *Königssee* aus. Er entstand entlang eines Grabenbruchs, den eiszeitliche Gletscher zu einem tief eingeschnittenen Tal aushobelten. Bis zu 2100 Meter ragen die steilen Felswände über seinen Wasserspiegel auf, darunter fallen sie bis zu 190 Meter tief ab. Die einzige flache Stelle ist der Schwemmkegel der Halbinsel St. Bartholomä, den der Eisbach aus dem Verwitterungsmaterial der Watzmann-Ostwand aufschüttete. Das sauerstoffreiche und nährstoffarme Wasser des Sees besitzt Trinkwasserqualität und ist Lebensraum zahlreicher heimischer Fischarten, so von Seesaibling, Rutte, Hecht, Seeforelle, Barsch und Elritze. Um es rein zu erhalten, fahren die Boote der Bayerischen Seenschifffahrt seit 1909 mit Elektroantrieb. Außerdem speist eine durch den See verlegte Rohrleitung die Abwässer von St. Bartholomä und Salet in das öffentliche Kanalnetz ein.

Der *Obersee* wurde durch eine späteiszeitliche Endmoräne vom Königssee abgetrennt. Ein Bergsturz des Jahres 1172 erhöhte diese Barriere. Da während der Wintermonate kein Sonnenstrahl die Seeoberfläche erreicht, friert der Obersee im Gegensatz zum Königssee in jedem Winter vollständig zu.

In den verkarsteten Hochflächen des Hagengebirges und des Steinernen Meeres finden sich fünf reizvolle kleinere Seen. Sie haben keinen oberirdischen Abfluss, sondern fließen unterirdisch ab – der romantisch gelegene *Funtensee* etwa. Ebenfalls nur für Wanderer erreichbar sind *Grün-* und *Schwarzensee.* Den von Felsen umgebenen *Seeleinsee* und die *Blaue Lache* sucht man mitunter vergeblich. Denn beide Seen können gelegentlich austrocknen.

Am Schrainbach-Wasserfall

Lidmücken-Larve

Eintagsfliegen-Larve

Wimbachklamm

# *Wo der Bergbach rauscht*

Wasser übt eine besondere Faszination aus – vor allem auf Kinder. Wer als Kind an einem Gebirgsbach spielte, erinnert sich immer daran, wie kalt sein Wasser selbst im Sommer war und dass er im Winter nur selten zufror. Der Quelle eines solchen Baches kann der Frost ohnehin nichts anhaben. Ihre Temperaturen liegen das ganzes Jahr über bei drei bis sechs Grad Celsius.

Fließgewässer transportieren Steine. Im Gebirge sind oft große Blöcke darunter, die nur extreme Hochwässer bewegen können. Moosbewuchs weist darauf hin, dass sie schon lange an derselben Stelle liegen.
Kleinere Steine werden von gewöhnlichen Hochwässern häufiger umgewälzt und dabei glatt geschliffen. Starke Regenfälle bringen feines Gesteins- und Bodenmaterial aus höheren Lagen mit. Sie trüben die kleinen Flüsse im Tal milchig weiß oder grünlich. Die Fels- und Schuttfluren können dann das Wasser nicht mehr zurückhalten, es fließt sofort ab und läßt die Bäche in kurzer Zeit stark anschwellen. Gut ist dies bei der Ramsauer Ache zu beobachten.
Das Einzugsgebiet der Bischofswieser Ache liegt hingegen in den Wäldern des Lattengebirges und des Toten Mannes. Diese Wälder speichern die Niederschläge wie ein Schwamm und geben sie kontinuierlich ab.

Natürliche Fließgewässer sind vielfältig strukturierte Lebensräume, in denen Pflanzen und Tiere verschiedenste Bereiche nutzen.
Gut zu sehen sind Fische und Insekten. Für viele Algen braucht man schon ein Mikroskop.

Die Bäche im Nationalpark sind schnellfließend, kalt und sauerstoffreich und zeichnen sich durch eine hohe Wasserqualität und spezielle Wasserlebewesen aus. Besonders eindrucksvoll sind sie dann, wenn sie als sprühender Wasserfall eine Steilstufe überwinden. Aneinandergereiht ergeben die Bäche des Nationalparks übrigens eine Länge von 90 Kilometern.

# Gute Nachbarschaft – der Nationalpark und sein Vorfeld

*Blick auf Berchtesgaden, Watzmann und Hochkalter*

Ramsau, im Hintergrund die Reiteralm

Die Ramsauer Kirche

Am Palmsonntag

Bis vor rund eintausend Jahren herrschte Wildnis in unserem Talkessel. Um 1100 n. Chr. wurde Berchtesgaden gegründet.
Das Land wurde über zahlreiche verstreut liegende Einzelhöfe erschlossen. Rodung von Wald und die Anlage landwirtschaftlicher Flächen waren untrennbar damit verbunden. Ein für die landschaftliche Entwicklung Berchtesgadens wichtiger Gesichtspunkt sei hier herausgehoben, die „Nachhaltigkeit". Ursprünglich zwar für die Waldnutzung entwickelt, ist sie im Grundgedanken aber beispielsweise ebenso für die bäuerliche Berglandwirtschaft gültig.

Nach Eröffnung des zweiten Salzbergwerkes mit angeschlossener Saline sorgte man sich in Berchtesgaden um deren „perpetuierliche" Holzbelieferung. So bezeichnete eine Waldbeschreibung von 1602

*An der Seelände Königssee*

Wallfahrtskirche Maria Gern

In Berchtesgadener Tracht

Holzhandwerker

Das Hinterbrandlehen

Mit dem Radl unterwegs

In gemütlicher Runde

Tourengeher

Kirchweih in Maria Gern

Berchtesgadener Bergknappen-Kapelle

das, was wir heute „Nachhaltigkeit" nennen. Der Zwang, den nun gewaltig gestiegenen Holzbedarf von zwei Salinen zu decken, erwies sich schließlich jedoch als stärker als das Einhalten des Prinzips der Nachhaltigkeit. Sie blieb jedoch das Ziel, wie ein ab 1810 durchgeführtes Waldsanierungsprogramm bestätigt.

Die Landschaft im Vorfeld des Nationalparkes Berchtesgaden ist heute noch weitgehend von nachhaltig bewirtschafteten Wiesen, Weiden und Wäldern geprägt.
Es ist eine reizvolle, durch bäuerliche Land- und Forstwirtschaft bestimmte Kulturlandschaft. Über eine ebenso nachhaltig betriebene Almwirtschaft zieht sie sich in die anschließende Pflegezone des Nationalparkes hinein. In dessen Kernzone breitet sich wilde Natur, frei von gezielten Eingriffen des Menschen, wieder aus. Drei Viertel der gesamten Nationalparkfläche werden in absehbarer Zeit hierfür zur Verfügung stehen. Mitteleuropa kennt nur wenige Beispiele, bei denen, wie hier in Berchtesgaden, wilde Natur und gepflegte Kulturlandschaft so eindrucksvoll in Nachbarschaft nebeneinander liegen und damit nahezu konkurrenzlos eine attraktive Urlaubslandschaft bilden.

## NETZWERK ALPINER SCHUTZGEBIETE

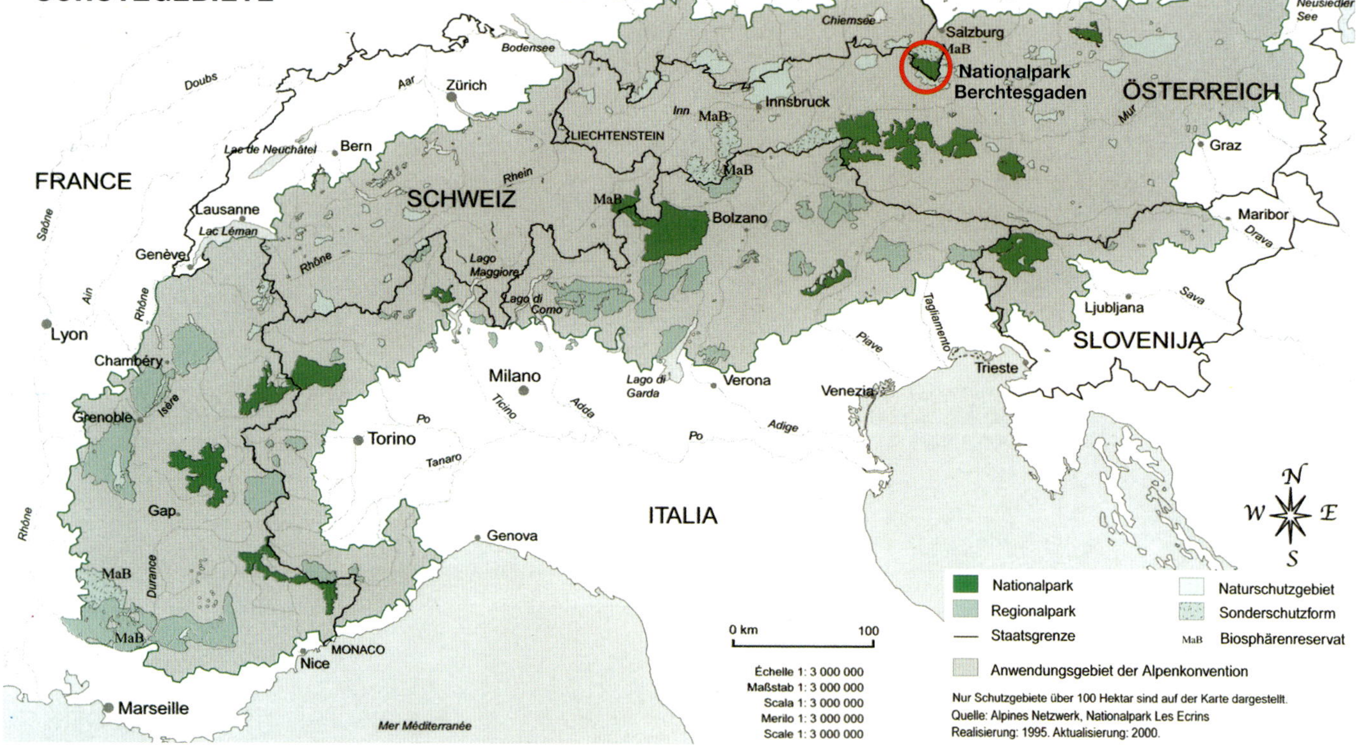


**NATIONALPARKVERWALTUNG BERCHTESGADEN**
Doktorberg 6, D-83471 BERCHTESGADEN
Telefon: +49/(0)8652/9686-0, Telefax: +49/(0)8652/968640
e-Mail: poststelle@nationalpark-berchtesgaden.de
Internet: http://www.nationalpark-berchtesgaden.de

**NETZWERK ALPINER SCHUTZGEBIETE**
Parc national des Ecrins
Micropolis-Isatis
F-05000 GAP
Telefon: +33/(0)492/402000
Telefax: +33/(0)492/402001
e-Mail: info@alparc.org
Internet: http://www.alparc.org

**EUROPARC DEUTSCHLAND**
Marienstraße 31
D-10117 BERLIN
Telefon: +49/(0)30/2887882-0
Telefax: +49/(0)30/28878216
e-Mail: info@europarc-deutschland.de
Internet: http://www.europarc-deutschland.de

### Nationalparke in Deutschland

**Impressum:**
Herausgeber: Verlag Anton Plenk, Koch-Sternfeld-Straße 5, D-83471 Berchtesgaden, Tel. +49/(0)8652/4474, Fax +49/(0)8652/66277, e-Mail: Plenk-Verlag@t-online.de, Internet: http//www.Plenk-Verlag.com. und Nationalparkverwaltung Berchtesgaden. Texte: Dr. W. d'Oleire-Oltmanns, H.P. Franz, Dr. K. Freyer, A. Heiß, E. Krüger, Dr. E. Langenscheidt, J. Seidenschwarz, H. Vogt, Dr. H. Zierl. – Überarbeitung der Texte: Dr. G. Marotz. – Fotos: W. Eisenkopf, H.P. Franz, M. Hasenknopf, N. Hasenknopf, W. Henkel, G. Hofmann, P. Pechacek, J. Seidenschwarz, F. Stangassinger, W. Mittermaier, K. Wagner, P. Werner, Dr. H. Zierl. – Karten: W. Krabichler, Netzwerk Alpiner Schutzgebiete und EUROPARC Deutschland. – Zeichnungen: J. Meyer-Andreaus. – Gestaltung: N. Hasenknopf. – Lithografie und Satz: GL-Werbestudio, Grassl & Lage, Berchtesgaden. – Druck/Gesamtherstellung: GorenjskiTisk, Slowenien. – 2. Auflage Frühjahr 2002.


## Nationalpark-Informationseinrichtungen:

**Nationalpark-Haus Berchtesgaden,** zentrale Informationsstelle, Franziskanerplatz 7, D-83471 Berchtesgaden
Telefon +49/(0)8652/64343, Telefax +49/(0)8652/69434. – Ganzjährig geöffnet.

**Nationalpark-Informationsstelle Königssee,** Seestraße, D-83471 Schönau am Königssee, Telefon +49/(0)8652/62222
Von Mitte Mai bis Mitte Oktober geöffnet.

**Nationalpark-Informationsstelle Klausbach-Haus,** am Beginn des Hirschbichltales, D-83486 Ramsau-Hintersee
Telefon +49/(0)8657/1431. – Von Ende Dezember bis Ende Oktober geöffnet.

**Nationalpark-Informationsstelle Wimbachbrücke,** am Parkplatz Wimbachklamm, Wimbachweg 2, D-83486 Ramsau
Ganzjährig geöffnet.

**Nationalpark-Informationsstelle St. Bartholomä,** auf der Halbinsel St. Bartholomä, D-83471 Schönau am Königssee
Von Mitte Mai bis Mitte Oktober geöffnet.

**Nationalpark-Informationsstelle Engert-Holzstube,** an der Hirschbichlstraße, D-83486 Ramsau-Hintersee
Von Mitte Mai bis Mitte Oktober geöffnet.